이유 없이 싫은 이유

글 박부금 | 그림 전지은

마음 튼튼
생각 탐구
혐오편

분홍고래

차례

작가의 말　6

1장 그냥 싫다고?

1 마음 준비 운동　12

생각은 어디에서 왔을까?　13
'나'를 대신할 수 있을까?　16
정말 그럴까?　19
누군가는 피해를 입을 수 있어　21

2 내가 아는 정보, 사실일까?　24

처음 접한 정보에 크게 영향을 받는대!　24
모두가 그렇다면 그런 걸까?　28

3 마음과 생각이 닫히는 이유는?　32

선입견은 편견을 낳는다　32
편견은 어떻게 물리칠까?　35

4 싫어하는 것과 혐오는 다른 것?　40

듣는 사람은 마음에 상처를 입어　41
나와 우리 사회에 불이익이 생길까 봐 무서워　44
이유도 없이 싫어하게 돼　50
혐오하게 되는 대상은 누구인가?　54

2장 혐오를 반대해!

5 혐오 표현은 어떤 거야? — 62

- 혐오는 '무시'를 좋아해요 — 64
- 소문을 타고 성장하는 '혐오' — 67
- 일상에서 쓰는 혐오 표현 — 69

6 혐오 표현을 들으면? — 73

- 두려움이 커져서 마음이 힘들어요 — 74
- 사회적 책임을 개인에게 떠넘기게 돼요 — 76
- 편견은 집단 학살로 이어질 수 있어요 — 81

7 대항 표현을 해 보자 — 86

- 존중하는 태도가 필요해요 — 88
- 객관적인 근거를 찾아요 — 90
- 조건으로 구분하지 않아요 — 92
- 상처가 되는 표현의 영향력을 알아야 해요 — 94

8 직접 대응을 해 보자 — 98

- 안전이 중요해요 — 99
- 이유를 확인해요 — 100
- 정확한 정보를 제공해요 — 101

 맺는 말 — 108

작가의 말

 이 세상에 자신이 원하는 대로 태어난 사람이 있을까요?
 피부색, 장소, 성별 등 누구도 정해서 태어날 수가 없어요. 우리가 선택할 수 없는 영역이니까요. 세계 인권 선언문 제2조에는 이런 내용이 있어요.
 "모든 사람은 인종, 피부색, 성, 언어, 종교, 정치적 또는 기타의 견해, 민족적·사회적 출신, 재산, 출생 또는 기타의 신분과 같은 어떠한 종류의 차별이 없이, 이 선언에 규정된 모든 권리와 자유를 누릴 자격이 있다."

여러분은 어떤 내용이 중요해 보이나요? 위 내용의 핵심은 누구나 차별 없이 권리와 자유를 누릴 수 있다는 거예요.

여러분은 차별에 대해서 얼마나 알고 있나요? 일상에서 차별이 얼마나 발생할까요? 자신은 절대 차별하지 않는다고 생각하는 친구도 있을 거예요. 하지만 차별은 생각보다 훨씬 많이 일어나고 있답니다.

〈장님 코끼리 만지기〉라는 이야기가 있어요. 눈이 보이지 않는 사람 여럿이 각각 코끼리의 몸 한 부분을 만진 다음 코끼리가 어떤 모양인지 설명하는 이야기예요. 한 사람은 다리를 만지고 나무 기둥 같다고 하고, 또 다른 사람은 꼬리를 만지고 밧줄 같다고 생각하죠. 하지만 사실 코끼리는 그런 것들이 합쳐진 큰 동물이잖아요. 이 이야기는 한 가지 부분만 보고 전체를 판단하면 틀릴 수 있다는 걸 가르쳐준답니다.

내가 듣고, 만지고, 경험한 하나를 전체라고 생각할 수 있어요. 그래서 나와 다른 의견을 말하는 사람을 틀렸다고 하기도 해요. 그런데 사실은 나도 잘 모르는 경우가 많아요.

친구와 의견을 나눌 때도, 친구에게 내 의견을 이야기할 때도 비슷하답니다. 자신이 좋아하는 의견만 집중하다 보면 다른 의견은 듣지

않게 되죠. 검색 알고리즘도 내 의견에 맞는 자료만 제시하잖아요. 그러다 보면 우리는 하나의 의견만 맞는다고 생각하게 되죠.

한쪽으로만 생각이 치우치는 것을 편견이라고 해요. 그렇게 되면 특정 대상에 편견을 가질 수 있어요. 편견은 부정적인 감정이 크답니다. 특정 대상에 부정적인 편견이 쌓이면 어떻게 될까요? 차별과 혐오로 쉽게 이어져요. 더 심해지면 혐오 범죄로 이어지죠.

어떻게 이런 일이 생기는지 궁금할 수 있어요. 이 책은 바로 그런 부분을 이야기하고 있어요. 우리의 말과 생각이 어떻게 영향을 받는지 알려 주고 있어요. 특히 편견이 담긴 부정적인 말과 생각이 계속될 때 어떻게 차별과 혐오로 이어지는지도 알려 줍니다.

또한 혐오를 당한 대상이 겪는 어려움을 알아볼 거예요. 적절하게 대항하는 표현에 대해서 배울 거예요. 그리고 혐오에 대응하는 방법까지도 함께 이야기할 거예요.

그 과정을 통해서 혐오를 단순히 피해야 할 것이 아닌, 더 큰 윤리적 문제와 연결 지어 이해할 수 있게 됩니다.

이 책을 다 읽고 나면 생각이 변화한 것을 느낄 거예요. 서로를 있는 그대로 인정하게 될 거예요. 우리 모두는 대체할 수 없는 고유한 존재잖아요.

이 책을 읽은 여러분이 지금의 모습 그대로 서로를 존중할 수 있기를 바랍니다.

원래 개와 고양이는 사이가 안 좋아!

그냥

① 마음 준비 운동

친구들, 안녕!

여러분은 '혐오'라고 하면 어떤 것이 떠오르나요? '혐오'로 벌어진 범죄 사건이 떠오르나요? 예를 들면, 여성 혐오 무차별 범죄나, 유대인 혐오 대학살이 떠오를 수 있어요.

그런데 '혐오'가 뭘까요? '혐오'라는 단어를 많이 들어 봤지만 정확하게 무엇인지 설명하기 어려워요.

이제부터 혐오가 무엇인지 알아볼 거예요. 혐오가 무엇이고, 어떻게 생겨나고 영향을 주는지 차근차근 알아보려고 해요. 더불어 어떻게 혐오를 예방하는지도 알아볼 거예요.

수영하기 전에 준비 운동을 하죠? 마찬가지로 이 책을 읽기 전에도 준비가 필요해요. 바로 마음과 생각을 준비하는 것이죠. 어떤 준비가 필요한지 확인해 보기로 해요!

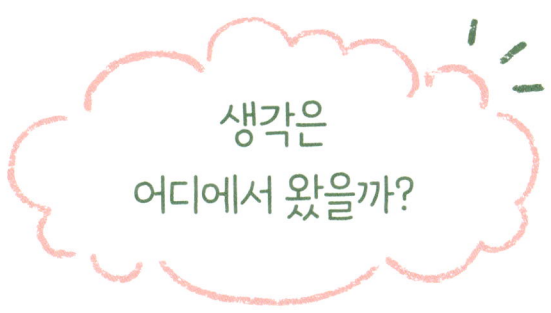

생각은 어디서 왔을까요?

길을 가다가 머리카락이 길고, 화장을 곱게 한 남자와 마주친다면 어떤 생각이 들까요?

여러분 각자마다 생각이 다를 거예요.

어떤 친구는 '남자는 머리가 짧아야지!'라고 할 수도 있고, 어떤 친구는 '남자는 화장을 하면 안돼!'라고 할 수도 있어요. 또 아름답다거나 멋지다고 할 수도 있어요.

이렇게 '○○는 ○○해야 해' 또는 '○○는 ○○하면 안 돼'라고 드는 생각은 어디서 왔을까요?

사실 이런 생각은 너무 자연스럽게 떠오르기 때문에 어디서 왔는지 확인해 보지 않죠. 대부분의 사람이 옳다고 생각하는 믿음에 영향을 받기도 하죠.

그런데 우리가 아는 정보나 생각은 어쩌다 알게 된 내용이 많아요. 가족과 친구에게서 듣는 내용도 있고, 인터넷에서 알게 된 내용도 있어요. 좋아하는 유튜버가 해 준 이야기도 있고, 길을 가다가 들은 내용도 있죠.

처음에는 별생각 없이 듣다가 여러 번 들으면 당연하게 여기게 되거든요. 마치 원래 내 생각처럼 느끼는 거죠. 그러다 보면 진짜인지 가짜인지 굳이 확인하지 않게 되죠.

이제 이 책을 읽는 동안 우리는 내가 아는 정보와 생각이 어디서 왔는지 확인해 보기로 해요. 그래서 내 생각의 출처를 찾아보는 준비를 할 거예요.

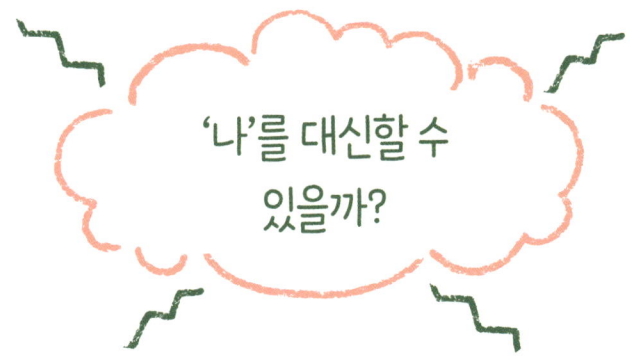

'나'를 대신할 수 있을까?

이 세상에 나와 똑같이 생각하고 말하는 존재가 있을까요?

동물을 예로 들어 볼게요. 동물원에서 호랑이도 새끼를 낳고, 판다도 새끼를 낳았어요. 호랑이는 네 마리나 낳았고, 판다도 쌍둥이를 낳았죠. 꼬물꼬물 예쁜 아기 호랑이는 모두 비슷해 보였어요. 곰도 마찬가지였죠. 겉으로 보기에는 비슷하고 같아 보였어요.

그러나 호랑이는 눈썹 위의 무늬가 다 달랐어요. 그리고 성격도 다 달랐죠. 판다도 등 무늬가 다르고 코 위에 가마가 달랐어요. 성격도 물론 달랐고요.

"일란성 쌍둥이가 있잖아요!"

맞아요. 외모가 너무 똑같아서 구분하기 어려운 쌍둥이가 있지요. 그런데 쌍둥이라고 해도 좋아하는 게 다르고, 취미도 다른 경우가 대부분이에요. 현미경을 들고 자세히 살펴보면, 점의 개수나 위치가 다를 거예요. 학교 성적도 다를 거예요.

쌍둥이도 이렇게 다른 부분이 많다면 세상에 똑같은 존재는 없다고 봐야 해요. 그러니 우리는 모두 이 세상에 단 하나뿐인 존재예요.

우리는 살아가면서 상황에 따라서 다양한 사람을 만나게 될 거예요. 외모, 생각, 환경, 지역, 종교 등 나와 다른 특징을 가진 사람들 말이에요. 누군가는 나와 많이 다른 모습일 수 있어요. 생활하는 모습도 전혀 다르고요.

그럴 때 우리는 당황할 수 있어요. 다름이 낯설게 느껴질 수 있거든요. 예를 들어 아마존에서 온 원주민을 만난다고 생각해 보세요. 선뜻 다가가기는 어려울 수 있어요. 말도 안 통할 것 같고, 나와 다른 모습을 보면 긴장하게 되거든요.

나와 똑같은 사람은 없으니, 나와 다른 건 당연한 거예요. 그러니 조금 당황스럽더라도 반갑게 인사하는 건 어떨까요?

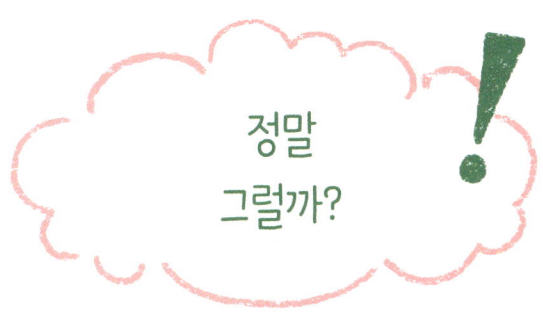

여러분은 정보를 어디서 얻나요?

새로운 정보가 필요하면 우리는 인터넷 검색 프로그램이나, 유튜브, 블로그나 카페 등을 찾아볼 거예요. 매체에 나온 정보는 사실이라고 믿는 경우가 많거든요. 특히 유명인이나 전문가라고 하는 사람들의 말은 더 쉽게 신뢰하죠.

그런데 매체들이 하는 이야기는 정말 사실일까요?

그렇지 않아요. 사실 확인이 되지 않은 개인 의견도 많다고 해요. 충분한 근거가 없는 경우가 많은 거죠. 그래서 정말 맞는 이야기인지 확인하려는 자세가 필요해요.

한 가지 예를 들어 볼게요. 과거 유럽 일부 지역에 고양이가 흑사병을 옮긴다는 소문이 돌았대요. 소문을 듣고 사람들이 고양이를 모조리 잡아서 죽였죠.

그런데 고양이가 없어지자 쥐들이 들끓기 시작했고 쥐에게 기생하던 흑사병 바이러스가 사람에게 더 많이 전염됐어요. 결국 잘못된 소문은 바이러스를 차단하기 보다 더 퍼트렸고 유럽 총 인구의 약 30퍼센트가 흑사병으로 죽었다고 해요.

우리가 사는 현대는 어떨까요?

2019년 말에 시작된 코로나 바이러스 감염으로 전 세계가 힘들었어요. 이때 특정 지역을 언급하거나 원인에 대해서 많은 억측이 생겨났죠. 더불어 백신에 대해서도 다양한 이야기가 나왔어요.

정확하지 않은 이야기가 인터넷에 퍼지면서 사람들을 이유 없이 공격했어요. 마치 중세 시대 유럽의 교회가 마녀라고 모함해 무차별하게 사람을 처형하던 '마녀사냥'을 떠오르게 했죠. 이렇게 현대에도 확인되지 않은 정보가 많이 있답니다.

그러니 우리는 어떤 정보를 접할 때 '정말 사실일까?' 궁금해 하기로 해요. 그리고 다른 곳에서도 같은 이야기를 하는지 알아보아야 해요.

이렇게 근거를 찾아서 확인해 본다면, 정확한 정보를 알게 될 거예요.

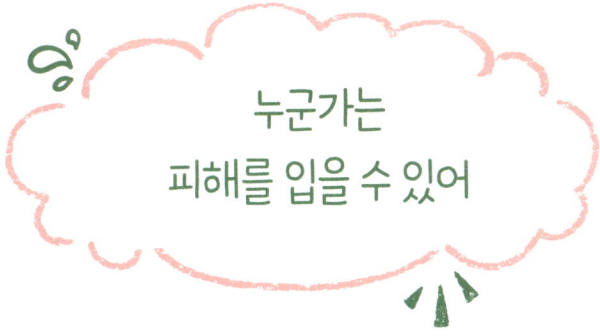

누군가는 피해를 입을 수 있어

여러분은 일부러 누군가에게 상처 주고 피해 주고 싶어 하지 않을 거예요. 그런데 의도와 상관없이 누군가에게 상처를 주기도 하고 상처를 받기도 하죠.

우리가 아무렇지도 않게 사용하던 표현이 누군가에게 큰 상처를 준다면 어떨까요? 평소 우리가 가졌던 부정적인 시각 때문에 누군가 피해를 당할 수도 있다고 해요.

예를 한번 들어 볼게요.

무엇인가 결정을 할 때 고민을 많이 하는 사람이 있어요. 그럴 때 '너 결정 장애냐?'라고 말하곤 하죠. 사실 신중한 성격 때문에 결정이 느린 것뿐인데, 마치 결정을 빨리하지 못하는 게 문제가 있다는 것으로 들리네요.

'○○장애'라는 말을 썼는데, 여기서 '장애'에 대한 부정적인 시각이 느껴지네요. '장애'를 부족하고 문제가 있다는 의미로 표현한다는 걸 알 수 있어요. 방금 특정 대상에 대한 편견을 부추기고 말았네요.

자, 이제부터 여러분은 어떤 개인이나 단체에 대해서 부정적인 시각을 가졌는지 점검해 보기로 해요. 그리고 그 생각이 합리적인지도 확인해 보기로 해요. 우리 주변에서 합리적인 이유 없이 부당한 대우를 받는 대상은 없는지도 점검해 봐야겠죠.

이제 마음의 준비가 어느 정도 됐나요? 그럼 찬찬히 다음 페이지로 넘어가 볼까요?

② 내가 아는 정보, 사실일까?

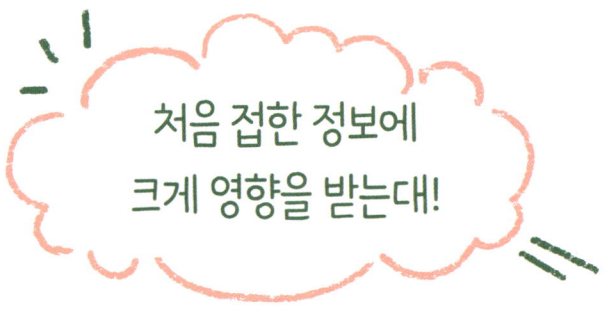

처음 접한 정보에 크게 영향을 받는대!

새로운 것을 처음 경험할 때 여러분은 어떤가요?

새로운 것을 경험할 때 제일 먼저 듣는 말의 영향을 크게 받는다고 해요. 그러나 이미 경험했고 잘 안다면 영향을 적게 받을 거예요. 그러나 여러분이 잘 모르는 내용이라면 영향을 많이 받게 되지요.

실제로 얼마나 영향을 받는지 가상의 실험을 해 볼 수 있어요.

방에 처음 보는 커다란 상자 두 개가 놓여 있어요.

겉모양은 평범한 상자인데, 윗부분에 손을 넣을 수 있도록 동그란 구멍이 있어요. 안에 무엇이 있는지 보이지 않아요. 상자에는 글씨가 쓰여 있어요.

한쪽 상자에는 '아주 냄새 나고 고약한 것'이라고 쓰여 있어요.

다른 상자에는 '아주 폭신하고 따뜻한 것'이라고 쓰여 있어요.

여러분은 이 구멍으로 손을 넣어서 상자 속에 있는 무엇인가를 꺼내야만 해요. 이때, 상자에 쓰인 글을 먼저 보게 될 거예요.

자, 이제 어떤 생각이 드나요? 상자에 쓰인 글에 따라 여러분의 태도가 달라질 거예요.

'아주 냄새 나고 고약한 것'이라고 쓰인 글을 보았다면, 선뜻 손을 넣을 수가 없고, 인상을 찌푸리고, 한 손으로 코를 막고, 몇 번이나 망설인 끝에 겨우 한 손을 넣어 손끝으로 조심스럽게 상자 속의 물건을 꺼낼 거예요.

반대로 '아주 폭신하고 따뜻한 것'이라는 글을 본다면 어떤 주저함도 없이 손을 넣어 물건을 꺼내겠죠.

사실, 두 상자에는 똑같은 수면 양말이 들어 있어요.

양말을 꺼낸 다음 친구들의 반응은 어떨까요? 냄새가 고약한 양말이라고 생각하면, 냄새가 나는 것처럼 느껴져서 양말을 치우고 싶겠죠. 반대로 폭신한 양말이라고 생각하면 양말을 신어 보면서 폭신함을 느껴 보고 싶을 거예요.

이렇게 내가 모르는 상황에서는 먼저 보게 되고, 먼저 듣게 되는 내용이 나에게 영향을 주게 되지요. 두 상자 안 물건이 똑같은 양말이어도 이렇게 다른 태도를 하게 만들죠. 여러분이 접하게 되는 정보는 새로운 것이 많아요. 그때 여러분이 어떤 정보를 먼저 보고 듣느냐에 따라 여러분에게는 '선입견'이라는 것이 생기게 돼요.

단순히 양말이라고 하지 않고, '냄새 나는'이라고 하는지, '따뜻한'이라고 하는지에 따라 다른 생각을 하게 되죠.

중요한 것은 어떤 정보를 먼저 듣게 되더라도 진짜인지 확인하면 돼요. 진짜 냄새가 나는지, 따뜻하고 폭신한지 확인을 해 보면 되겠죠.

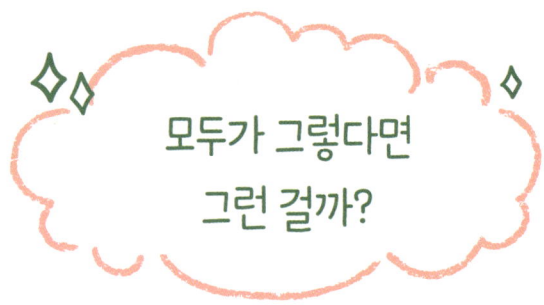

모두가 그렇다면 그런 걸까?

우리는 주변의 영향을 얼마나 받을까요?

아마 '나는 크게 영향을 받지 않는다'고 생각할 수 있어요. 그런데 실제로는 다수의 다른 친구들이 어떻게 반응하느냐에 따라 내 의견을 수정하는 경우가 많다고 해요.

정말 그런지 확인해 볼까요?

책상 위에 크기가 다른 세 개의 인형이 놓여 있어요.

하나는 누가 봐도 크고, 하나는 누가 봐도 작아요. 그리고 중간 크기의 인형이 놓여 있어요. 이제 한 명씩 책상 앞으로 나와 가장 큰 인형을 선택하도록 할 거예요.

처음 친구가 중간 크기의 인형이 가장 크다고 하네요. 속으로 '에이, 저 친구가 틀렸어'라고 할 수 있어요. 그런데 다음 친구도 중간 크기의 인형이 가장 크다고 하는 거예요. 여러분은 속으로 '어, 그건 아닌

데, 뭔가 이상한데?'라고 생각할 거예요.

그리고 또 다른 친구도 중간 크기의 인형이 가장 크다고 말해요. 다음 친구도, 다음 친구도 계속 중간 크기의 인형이 가장 크다고 말하는 거예요. 학업 성적이 좋은 친구도, 반에서 인기가 많은 친구도, 매사에 정확하게 말하는 친구도, 나와 친한 친구도 모두 중간 크기의 인형이 제일 크다고 선택해요.

이제 여러분이 선택할 순간이에요. 여러분은 어떤 크기의 인형이 가장 크다고 선택할까요?

대부분의 친구가 이런 상황에 놓이면 자기 생각과는 다르게 '중간 크기의 인형'을 선택한다고 해요. 왜냐하면 다른 선택을 하는 것은 굉장히 어려운 일이거든요. 먼저 친구들과 같은 선택을 해야 '함께'한다는 느낌을 받게 되거든요. 나만 다른 선택을 하려면 '혼자'여도 괜찮다는 용기를 내야 하는데, 쉽지 않아요.

사실 많은 친구가 선택한 인형은 가장 큰 인형이 아니었어요. 여러분이 생각한 그 인형이 가장 큰 인형이 맞아요. 이처럼 우리는 주위 다수의 영향을 쉽게 받아서 마음과는 다른 행동을 할 수 있어요.

사실 우리가 많은 사람과 같은 의견을 내는 경우에 진짜가 아닌 경우가 많아요. 그래서 우리는 늘 확인이 필요해요. 예를 들어 줄자를 갖고 와서 인형의 크기를 쟀다면, 모두가 아니라고 해도 바른 선택을 했을 거예요.

　그렇지만 객관적인 확인을 하지 않으면 다수의 영향을 쉽게 받게 된답니다. 매 순간 우리가 직접 확인을 하기는 어렵겠지만, 앞으로 의심이 가는 상황이나, 내 생각과 다른 의견에 대해서는 꼭 확인하기로 해요.

③ 마음과 생각이 닫히는 이유는?

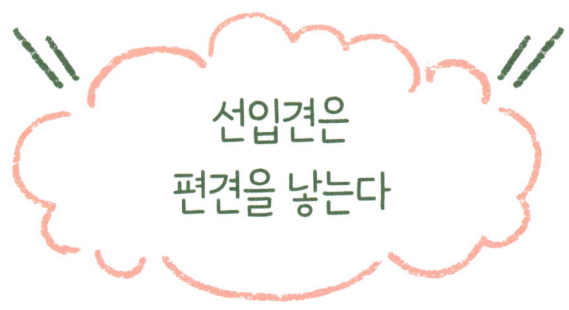

선입견은 편견을 낳는다

우리는 주로 식물을 먹고사는 동물을 초식 동물이라고 해요. 코끼리와 소는 우리가 잘 아는 대표 초식 동물이죠. 여러분이 동물원에서 댓잎과 대나무 줄기를 먹는 판다를 보면 어떤 생각을 하나요?

'판다는 댓잎을 먹으니 초식 동물일 거야' 이렇게 생각할 수 있어요. 그런데, 판다의 날카로운 송곳니와 내장 기관을 살펴보면, 판다는 육식을 할 수 있는 식육목이라고 해요.

새로운 대상에 대해 내가 아는 대로 생각하게 되는 경우가 많아요. 특정 대상이나 집단에 대해 내가 아는 정보 때문에 잘못 아는 일도 있어요. 내가 아는 정보에서 선입견이 생기고 그렇게만 보려는 편견이 생기게 되는 거죠.

요즘 우리는 인터넷이나 유튜브처럼 매체에서 정보를 쉽게 얻고 그것을 사실로 인정하곤 해요. 앞에서 말했듯이 유명인이나 전문가가 말한다면 내용을 더 의심하지 않죠.

어느 날 자칭 뇌 과학자라고 하는 사람의 영상을 보게 됐어요. 이 영상에서 뇌 과학자는 남자와 여자의 뇌가 다르다고 주장하네요.

기능 자기 공명 영상 fMRI 및 구조적 자기 공명 영상 sMRI을 통해 뇌의 구조와 기능이 다른 부분을 확인했다고 했어요. 그러면서 남성은 공간에 대한 감각이 뛰어나고, 여성은 감정을 더 잘 느낀다고 말합니다. 운전은 남자가 해야 하고, 아이는 여자가 키워야 한다고 주장합니다.

여러분이 이 영상을 본 뒤 교통사고 현장을 목격했다고 생각해 봐요. 중년의 여자 운전자와 젊은 남자 운전자가 나와서 잘잘못을 가리고 있어요. 누가 봐도 정차한 앞차를 뒤차가 부딪쳐서 뒤차 잘못이네요. 여러분은 누가 뒤차 운전자라는 생각이 드나요?

많은 경우에 여자 운전자가 뒤차를 운전했을 거라고 추측해요. 남자 운전자가 훨씬 공간에 대한 감각이 뛰어날 거라는 편견 때문이죠. 더구나 나이로 봐도 남자 운전자가 젊어 보이니까요. 젊은 사람이 반응 신경이 더 빠를 것이라는 편견도 작용하겠죠.

그런데 실제로는 여자 운전자는 무사고 베테랑 운전자였고, 남자 운전자는 초보 운전자로 사고를 낸 뒤차 운전자였거든요.

이처럼 우리는 다양한 정보들로 특정 대상에 대해 선입견이 생기고, 특정 상황에서 편견이 작용하는 경우가 많아요.

더구나 남녀 뇌의 구조상의 차이점은 있으나 기능상의 차이는 확인되지 않았거든요. 실생활에서도 남녀의 차이가 아닌 개인의 차이로 확인되고 있고요. 그러니 먼저 알게 된 내용이 우리에게 선입견을 갖게 한다는 것을 꼭 기억해야 해요. 그리고 내가 아는 내용이 정확해질 때까지 점검하는 게 필요해요.

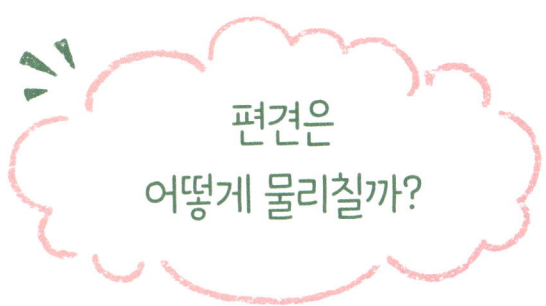

편견은 어떻게 물리칠까?

우리가 당연하게 여기는 생각에는 많은 편견이 숨어 있어요. 여러분이 가진 편견은 어떤 것이 있나요?

예를 들어 볼게요. '보기 좋은 떡이 먹기도 좋다', '이왕이면 다홍치마'라는 속담이 있어요.

이 속담은 내용이나 품질만큼이나 외형도 중요하다는 뜻을 담고 있어요. 여러분은 이 속담에 대해서 어떻게 생각하나요? 자칫 잘못하면, 예쁜 것이 좋다는 선입견을 강화할 수 있어요. 더불어 외모나 외형이 중요한 것으로 여겨지는 사회적 편견을 부추길 수 있고요.

이런 편견이 생기면 우리는 어떻게 될까요? 보이는 것에 더 많이 집중하게 될 거예요. 내용이 중요한데 그 부분은 놓치게 되는 거죠.

다음 이야기를 읽으며 좀 더 깊이 생각해 보기로 해요.

유미는 표지가 예쁜 책 읽는 걸 좋아해요. 표지가 예쁘면 내용도 아름답고 유익할 것이라고 생각하거든요. 그래서 표지가 예쁘지 않은 책은 쳐다보지 않아요. 어느 날 유미는 학교 도서관에서 표지가 정말 예쁜 책을 찾았어요. 제목도 '아름다운'으로 시작하는 책이죠.

유미는 '표지가 예쁘면 내용도 아름답다'는 생각이 확고해서 바로 이 책을 읽기로 했어요. 책을 읽다 보니 이 책은 쓰레기와 관련한 책이었어요. 아름다운 세상을 쓰레기가 망친다는 내용이었죠. 지구는 점점 쓰레기 더미가 될 것이고 결국 지구는 멸망할 것이라는 심각한 이야기가 펼쳐졌어요.

책을 읽으면서 유미는 이상한 마음이 들었어요. 표지가 예쁜데 내용은 전혀 아니었거든요. 유미는 다른 책을 한 권 더 빌렸어요. 이번에도 표지가 예쁜 책이었어요. 책을 읽다 보니 표지는 예뻤는데, 내용이 재미가 없는 거예요. 그래서 유미는 결국 끝까지 읽지 못했어요.

이런 경험을 통해서 유미는 '표지와 내용은 상관이 없구나' 하고 깨달았어요. 얼마 전에 유미는 또 다른 책을 빌렸어요. 이번에는 표지는 무난하고 추천인이 많고 흥미로운 주제를 담고 있는 책이었어요.

책을 빌리기 전에 차례도 보고, 작가의 말도 읽어 보니 재미있을 것 같았거든요. 그리고 읽어 보니 예상대로 흥미롭고 재미있었어요.

여러분도 유미와 같은 경험이 있을 거예요. 여러분만의 기준으로 생각했는데, 맞지 않는 경우 말이에요.

그러니 유미처럼 다양한 경험을 하면서 이런 부분은 수정해 가면 돼요.

우리 사회에는 '○○은 ○○하다, ○○는 ○○하지 않다'라고 하는 편견들이 있어요. 또 편견은 다양한 방법으로 우리에게 스며들어요. 그것은 경험일 수도 있고, 문화일 수도 있고, 옛날이야기일 수도 있고, 어른들이 들려준 교훈일 수도 있어요. 이것들은 우리도 모르는 사이에 마음 한구석에 자리 잡아 편견이라는 생각으로 우리의 생각을 조종하죠.

예를 들면, '여자는 핑크색, 남자는 파랑색', '여자는 인형 놀이, 남자는 운동'과 같은 말들이 있죠. 사실 핑크색을 좋아하는 남자도 많고, 전혀 이상하지 않죠. 그리고 운동을 좋아하는 여자도 너무 많아요. 이렇게 주위에서 하는 말을 자꾸 듣다 보면 나도 모르게 선입견이 생기고 편견을 갖게 돼요. 그래서 여러분은 편견이 생기기 전에 확인하는 작업을 해야 한답니다.

여러분이 편견에서 자유로워지려면 다음 내용을 기억하세요.

1. 이 말은 누구 생각일까?
2. 진짜 맞는 말일까?
3. 어디서 온 말일까?
4. 내가 틀린 부분은 뭐지?

④ 싫어하는 것과 혐오는 다른 것?

싫어하는 것은 사람마다 다 달라요. 어떤 친구는 벌레를 싫어하고, 어떤 친구는 채소를 싫어하죠. 또 어떤 친구는 운동을 싫어할 수 있어요. 하지만 여러분이 싫어하는 것은 누군가에게 큰 영향을 주지는 않아요. 내가 채소를 싫어하고 운동을 싫어한다고 해서 타인에게 부정적인 영향을 끼치진 않으니까요. 왜냐하면 개인의 취향이기 때문이에요.

그런데 만약 여러분이 싫어하는 것이 그 대상에게 부정적인 영향을 준다면 어떨까요? 여러분이 누군가를 싫어할 수 있어요. 그런데 그냥 싫어하기만 한 게 아니라 부정적인 표현을 했다고 가정해 봐요.

그 이야기를 들은 사람의 마음에 상처가 생기고 부당한 대우를 받게 되는 일이 발생한 거예요. 여러분은 단지 싫어서 표현한 것이지만 실제 영향력이 훨씬 큰 거죠. 이제부터는 이런 일이 어떻게 발생하는지 한 번 알아보도록 해요.

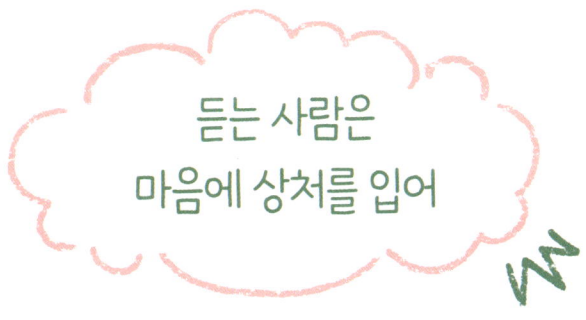

여러분이 '싫어'라는 말을 할 수 있어요. 만약 내가 좋아하지 않는 음식 이야기를 한다면 그건 취향의 의미예요. 안 먹고 싶다는 의사를 표현한 거죠. 그렇게 말해도 상처받는 사람은 없어요.

그런데 특정 친구에게 '난 네가 싫어'라고 하면 '너랑은 함께하지 않을 거야'라는 거절의 의미가 담겨 있어요. 친구가 싫어서 함께하고 싶지 않을 수는 있어요. 하지만 모든 상황에서 특정 친구를 거절하고 나와 같은 권리를 누리지 못하게 하면 '차별'이 될 수 있어요.

《미운 오리 새끼》라는 동화가 있어요.
미운 오리 새끼는 다른 오리들과 다르게 몸집은 크고 날개는 짧고, 푸석한 깃털을 갖고 있었어요. 다른 오리는 자신들과 다른 외모를 가

졌다는 이유로 미운 오리 새끼를 싫어하고 욕하고 조롱하죠. 먹이도 나누어 주지 않고, 잠자리도 제대로 주지 않았어요.

그렇게 모두에게 거절을 당하자 미운 오리 새끼는 마음에 상처가 커졌죠. 그리고 결국 집을 떠나게 되죠. 도저히 함께 할 수 없을 만큼 따돌림을 당했거든요.

이렇게 특정 대상을 '싫어'하고 거절하면서 따돌리면 피해 당사자는 마음의 상처가 커집니다. 미운 오리 새끼를 싫어할 수는 있지만, 먹

이를 주고 잠자리를 제공해 줘야겠죠. 기본적인 권리를 뺏고 무조건 싫어한다면 살아가기 힘드니까요.

이렇게 특정 대상에 대해서 이유 없이 싫어하면서 차별을 하면 바로 '혐오'가 되는 거예요. 그러니 우리는 듣는 사람의 처지에서 생각해 보려고 해야 해요.

'내가 이 말을 듣는다면 어떨까?' 이렇게 생각해 보면 된답니다.

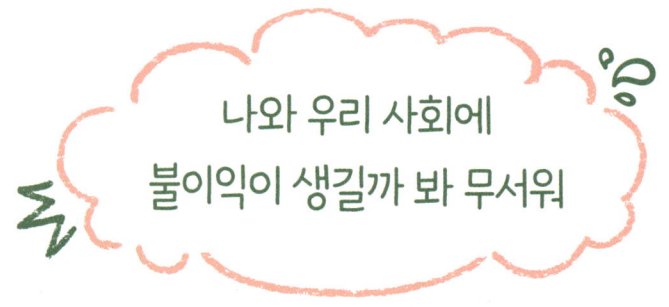

나와 우리 사회에 불이익이 생길까 봐 무서워

여러분이 다니던 학교가 갑자기 문을 닫으면 어떻게 될까요? 배우고 싶은데 학교를 가려면 한 시간이나 차를 타야 한다면 어떨까요? 아마 우리는 불이익이 생겼다며 이를 없애기 위한 노력을 많이 할 거예요.

만약에 원자력 발전소를 여러분 동네에 짓는다면 어떻게 될까요? 아마 많은 사람이 방사능 오염에 대해 걱정하게 되겠죠.

또는 쓰레기 소각장을 여러분 동네에 짓는다고 하면 어떻게 될까요?

대기 오염 물질 방출을 걱정할 거예요. 우리는 불이익을 당할 수 없다며 다양한 조치를 하려고 할 거예요. 그래서 이런 시설은 사람이 많이 살지 않는 곳에 짓곤 하죠.

그런데 장애인을 대상으로 한 특수학교를 짓는다면 어떨까요?

우리나라는 특수한 조건의 장애인이 다니는 특수학교가 장애인의 수에 비해서 적어요. 친구들이 학교를 편하게 다니듯이 장애가 있는 친구도 학교를 편하게 다닐 수 있어야 하는데 말이죠.

그래서 장애인이 다니는 특수학교는 꼭 필요하죠. 그런데 얼마 전에 특수학교를 짓자고 했더니 '혐오 시설'이라면서 주민들이 반대를 했어요.

이유는 특수학교는 혐오 시설이라 그 지역 집값이 내려간다는 게 이유였지요. 특수학교 설립이 모두에게 큰 불이익이 되는 것처럼 주장했어요.

특수학교 건립이 정말 우리에게 불이익이 되는 걸까요? 우리는 학

교를 한 시간 이상 멀리 다니면 불이익이라고 억울해하죠. 그런 점에서 장애인 친구들이 가까운 곳에 다닐 학교를 짓는 것은 당연하잖아요. 그런데 일부 사람들은 자신과 그 지역이 불이익을 당한다고 생각하는 거예요. 그리고 책임을 또 특정 대상에게 떠넘기고 있죠.

또 다른 경우로 우리 주변에는 국적이 다른 외국인이 많이 있어요. 일부 사람들은 외국인 노동자를 향해 '국내 일자리를 뺏는다'고 말해

요. '유리한 혜택만 누리고 사회에 해를 끼치고 있다'라는 말을 하기도 하고요. 그런데 정말 그럴까요?

자, 다음 통계를 보세요. 2022년 기준으로 해외에 근무하는 한국인 노동자 수는 250만 명이에요. 그런데 국내에 일하는 외국인 노동자 수는 150만이거든요. 해외에서 근무하는 한국인 노동자 수가 훨씬 많죠.

사실 우리나라 실업률은 꽤 높은 편이에요. 그렇다면 일자리가 없다는 얘긴데, 그건 또 사실이 아니에요. 사람을 구하지 못해서 어려움을 겪는 회사가 많다고 해요. 그 이유는 직업 역시 인기 직종과 비인기 직종이 있어서 노는 사람이 많지만 선호하지 않는 직종이 많기 때문이래요.

물론 안 그런 경우도 있지만, 대부분의 경우 외국인 노동자는 이러한 비인기 직종에서 많이 일한다고 해요. 우리 산업은 이런 분들 덕에 유지되고 있죠. 그러니 그분들이 우리 일자리를 뺏는 것이 아니에요.

그런데 일부 사람들의 잘못된 혐오의 말이 우리를 혼란스럽게 해요. 마치 우리에게 불이익이 생길 것만 같은 불안감을 들게 하죠. 곧 큰일이 생길 것 같고 우리에게 큰 피해가 될 것 같은 거예요.

이렇게 불안감을 느끼면 우리는 어떻게 될까요? 일부 사람들이 주장하는 부정적인 말에 쉽게 동조하게 돼요. 예를 들어, 이주 노동자 한 명이 잘못해도 전부가 그렇다고 생각하게 되죠. 이건 초등학생 한 명의 실수를 두고 모든 초등학생이 그러할 거라고 말하는 것과 같아요. 또 특정 지역에서 벌어진 사건을 두고 그 지역 사람이 모두 그렇다는 식의 이야기도 마찬가지예요.

그렇게 되면 그들을 혐오하고 제대로 대우해 주지 않는 것에 찬성하는 거예요. 그러니 마치 우리에게 큰일이 생길 것처럼 과하게 주장하는 말을 들으면 우리는 꼭 여러 번 확인하기로 해요.

'지금 너무 과장하는 게 아닌가?
모두가 그런 것은 아닐 거야!'

이유도 없이 싫어하게 돼

만일 무언가 싫어하는 게 있다면, 대부분 싫어하는 이유가 있을 거예요. 예를 들어 물에 빠져서 허우적대다 겨우 구조됐다면, 그 뒤부터 물이 싫어질 수도 있겠죠. 고구마를 먹다 체했다면 이후에는 고구마를 먹지 않을지도 몰라요. 입안에 염증이 생겼을 때 신맛 나는 과일을 먹고 힘들었다면, 입안에 염증이 있을 때 다시는 그 과일을 먹으려고 하지 않을 거예요.

이렇게 한 번의 경험이 미래에 영향을 주곤 해요. 중요한 것은 직접 경험했다는 거예요. 옆에 있는 친구가 고구마를 먹다 체했다고 여러분이 고구마를 싫어하지는 않을 테니까요.

그런데 혐오는 싫어하는 이유를 분명히 알까요?

대부분은 왜 싫어하는지 이유를 모르는 경우가 많아요. 예를 들어 나랑 피부색이 좀 다른 사람을 만나면 어떤가요? 나와 성별이 다르고,

취향이 다른 사람을 만나면요?

그냥 다르다는 거잖아요. 누구나 처음 만나면 긴장하듯이 낯설어 할 수 있어요. 지내다 보면 성향이 다를 뿐 나에게 특별히 해를 끼치지 않는다는 걸 알게 되죠. 그래서 나와 잘 지낼 수 있는지 확인해 볼 수 있어요.

그런데 특정 대상을 그냥 싫어하고 피하는 사람들이 있어요. 아무런 해를 끼치지 않았는데도 말이죠. 나와 피부색이 다르고, 성별이 다르고, 취향이 다르면 왜 싫어해야 하나요? 이 부분에 대해서 꼭 생각해 보기로 해요.

여러분이 혐오하는 배경을 살펴보면, 특정 집단에 대해서 안 좋은 시각이 오랫동안 지속된 경우가 많아요. 직접 경험한 내용이 아닌 내용을 '당연하게' 여기는 부분이 있는 거예요. 우리 사회도 오랫동안 계속되어 온 편견이 많이 있어요.

> 암탉이 울면 집안이 망한다

> 여자가 나서면 될 일도 안 된다

> 애꾸가 환히 보려 하고, 절름발이가 멀리 가려 한다

> 문둥이 떼쓰듯 한다

> 충주 자린고비다

> 키 작고 안 까부는 놈 없고, 키 크고 안 싱거운 놈 없다

위의 글은 오랫동안 전해 온 속담이에요. 속담 속에는 여자, 장애인, 특정 지역, 외모 등 특정 계층을 비하하는 표현이 들어 있지요. 낯선 속담도 있지만 잘 아는 속담도 있을 거예요. 만일 이러한 속담이 계속해서 사용되었다면 어땠을까요?

그 속담을 사용할 때마다 우리 마음 속에는 특정 사람들에 대한 편견이 들 테고 그것은 혐오를 일으키게 될 거예요. 그래서 이 대상들에게 정말 '문제가 있는 사람들'이라는 인식이 생겨 '싫어하는 것이 당연'하게 되고, '그냥 싫어'하고 혐오하게 될 거예요.

이렇게 대상에 대해 혐오가 시작되면 객관적인 근거나 내용은 들으려 하지 않게 돼요. 그래서 '혐오'한다는 것은 큰 문제인 거예요.

그러니 혹시 이유도 없이 싫어하는 대상이나 집단이 있다면 다시 한 번 생각해 보세요. 상관 없는 정보를 확대해서 믿고 있을 수 있어요.

또한, 생각할 시간도 없이 오랫동안 쌓인 편견에 많이 노출되었기 때문일 수도 있겠죠.

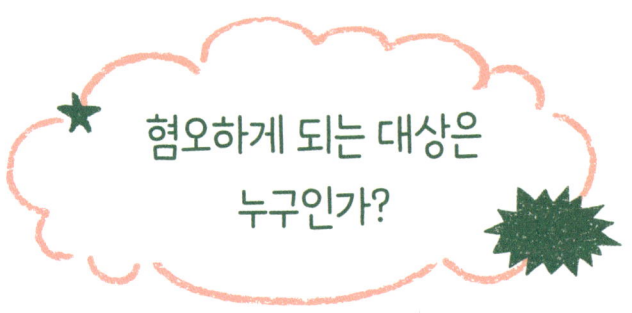

혐오하게 되는 대상은 누구인가?

여러분은 만나는 사람 모두에게 똑같이 대하고 있나요? 아마 그렇다고 하는 친구도 있고 아니라고 하는 친구도 있을 거예요. 보통 나와 특성과 성향이 다르고 불편함을 느끼면 싫어할 수 있어요. 나와 맞지 않는 모습 때문에 대하기 힘들 수 있거든요. 그럴 때는 자연스럽게 거리를 두게 되죠.

모두와 친할 수는 없으니까, 거리를 두고 지내면 돼요. 그렇다고 상대를 무시하거나 차별하지는 않아요. 그런데 이유 없이 특정 대상을 무시하고 차별한다면 어떤가요?

나와 맞지 않으면 가까이 지내지 않으면 되는 거예요. 그런데 혐오 대상으로 만들고 불이익을 준다면 안 되겠죠? 단지 나와 맞지 않는다는 이유로 말이죠.

그렇다면 어떤 사람이 혐오 대상이 될까요? 힘이 세고, 사회에서 성공한 사람일까요? 힘이 약하고 가진 것이 별로 없는 사람일까요?

혐오는 소수에게 일어나기 쉽다고 해요. 여기서 말하는 소수는 숫자의 개념이 아니에요. 힘이 없는 집단이라는 의미예요. 물론 다수라고 해도 싫어하고 문제가 될 수 있어요. 하지만 소수에 비해 '차별'과 '폭력'으로 연결될 위험성은 적어요.

우리 사회는 '여성 혐오' 표현이 많이 있어요. 앞에서 소개한 속담 중에 '암탉이 울면 집안이 망한다'라던가 '여자가 나서면 될 일도 안 된다'는 속담을 예로 들어 볼게요. 이런 말은 여성은 가만히 있어야 하는 존재로 보고 있어요. 주인공이 아닌 조연의 역할을 해야 한다는 의미도 담겨 있죠. 그렇다 보니 여성을 힘이 없는 존재로 보게 만들어요. 그래서 열심히 하는 여성을 부정적으로 보게 되죠.

성공하는 여성을 '독하다'거나 '운이 좋았다'고 표현하면서 인정하지 않는 분위기도 있어요. 특히 회사에서 승진할 때 똑같은 조건이면 여성을 떨어뜨리는 차별이 일어나기도 해요.

또 힘이 약하다는 이유만으로 여성에게 폭력을 쓰는 경우도 많이 있죠. '데이트 폭력'이나 '묻지마 폭력'의 대상 대부분이 여성인 이유도 바로 여기에 있어요. 여성 혐오를 가진 사람은 혐오로 끝나지 않고 범죄를 저지르는 경우가 있어요.

이렇게 혐오는 차별과 폭력으로 이어지는 경우가 있어 위험한 거예요.

남성의 경우는 어떨까요? '남성 혐오'가 물론 있죠. 남성을 싫어하고 무시하는 경향도 있어요. 그런데 남성을 상대로 폭력으로 연결된 사례는 여성을 상대로 한 폭력보다 많지 않아요. 이런 점에서 다수자나 힘이 있는 집단에 대해서는 혐오가 성립하기 어려워요. 그러나 남성이라 하더라도 어린이이거나, 노인 또는 장애인이라면 상황은 달라져요. 남성이라는 다수의 특성은 사라지고 이들이 갖는 소수자의 특성 때문에 혐오의 대상이 될 수 있어요.

또 다른 예를 살펴볼까요? 한국인이 한국에 살 때는 다수에 속해요. 한국에 사는 외국인은 어쩔 수 없이 소수에 속하죠. 그런데 한국인

이 해외에 나간다면 어떻게 될까요? 공항에 도착하는 순간 소수자에 속할 수밖에 없겠죠.

외국에서는 이민자를 대상으로 한 혐오가 끊임없이 있어 왔어요. 최근에는 아시아인을 대상으로 한 혐오 범죄가 늘어나고 있죠. 아무 잘못이 없는데, 그저 아시아인이란 이유로 혐오의 대상이 되고 범죄의 대상이 된다면 어떨까요? 너무 억울하고 무섭겠죠.

이렇게 살펴보니 우리 중 누구도 절대적 다수가 될 수는 없네요. 우리는 상황에 따라 언제든지 소수에 속할 수 있고, 차별의 대상이 될 수 있어요. 즉, 누구에게나 일어날 수 있고, 나에게도 일어날 수 있으니 주의가 필요합니다.

2장

> 그런 말이 상처가 되는 걸 알고 하는 거야?
>
> 그게 네가 원하는 거니?
>
> 소윤이에게 상처를 주려는 의도였어?

혐오를

반대해

⑤ 혐오 표현은 어떤 거야?

여러분이 아는 혐오 표현에는 어떤 것이 있나요? 사실 혐오 표현은 우리 생각보다 다양하고 많아요. 이번에는 혐오 표현에 대해서 알아보려고 해요.

먼저 혐오 표현은 특정 대상에 대해서 부정적인 시각을 보여 줘요. 그리고 부정적인 편견을 조장하는 말이나 표현이 모두 포함되죠.

이런 표현이 계속되고 당연시되면 어떻게 될까요? 결국 특정 대상에 대한 차별과 폭력으로 이어져 문제가 될 거예요.

조금 더 구체적으로 이야기해 볼게요.

혐오 표현의 형태는 말과 글이 있고, 다양한 행동, 복장, 상징물, 퍼포먼스도 있어요. 성별, 장애, 종교, 나이, 출신 지역, 인종, 성적 지향 등을 이유로 모욕하거나 차별을 부추기는 표현 모두가 혐오 표현이에요.

혐오 표현이 나오는 이유는 마음속에 오랫동안 가지고 있던 부정적인 생각과 편견 때문이죠. 특정 대상이나 집단에 대해서 부정적인 시각이 있다면 혐오 표현이 쉽게 나올 거예요.

또한 이런 혐오 표현으로 부정적인 고정 관념과 편견이 강화되기도 하죠. 혐오 표현을 듣다 보면 이전에 없던 부정적인 고정 관념과 편견이 생기거든요. 그래서 혐오 표현을 잘 아는 것은 우리 모두에게 꼭 필요해요.

혐오는
'무시'를 좋아해요

우리가 사용하는 혐오 표현에는 상대방을 상처주는 말이나 행동이 있어요. 상대방의 가치를 손상시키기도 하고요.

이제 상대방을 무시하고 비난하면서 가치를 망가뜨리려는 혐오 표현에 대해서 알아볼 거예요.

여러분이 친구의 외모와 실력에 대해 나쁜 말을 했던 상황을 떠올려 보세요.

> ○○이는 코가 너무 못생겼어! 돼지코 같아.

> ○○이가 1등한 건 운이 좋아서 그런 거야.

> 여자는 예쁘기만 하면 돼.

> ○○○은 불쌍해.

여러분이 이 말의 당사자라면 어떤 마음이 들까요? 아마 속상한 마음에 울 수도 있어요.

'저는 사실을 말한 건데요? 솔직한 게 잘못인가요?'

혹시 이런 생각을 하고 있나요?

이 말이 혐오 표현인 이유를 이야기해 볼게요. 먼저 친구의 외모와 실력에 대해서 나쁜 말을 한다면 그 친구에 대한 잘못된 인식을 심어 주게 돼요. 그리고 다른 사람에게도 그 친구를 부정적으로 보이도록 만들게 되겠죠. 그러다 보면 그 친구에게 부정적인 편견이 생기고 자칫 차별로 이어질 수 있어요.

다음으로 여자는 왜 예쁘기만 하면 될까요?

이 말은 여성의 다른 능력은 무시하고 외모만을 경쟁력으로 보는 나쁜 말이에요. 더불어 여성은 외모를 위해 투자를 해야 한다거나 사치를 한다는 편견도 담겨 있죠. 여성의 능력을 제대로 인정하지 않는 차별로 이어지게 되죠.

○○○은 정말 불쌍할까요? 누군가를 불쌍하게 여기는 건 그 친구들을 제대로 이해하지 못해서일 수 있어요. 사실, 우리 모두는 다르게 생기고, 다른 특징을 가지고 있어요. 작거나 크거나, 소심하거나 활발하거나, 장애가 있거나 그 친구가 가진 특징인 거예요. 서로를 존중하고, 편견 없이 친구가 되는 것이 정말 중요하죠. 불쌍하다는 생각은 무시하는 마음이 들어 있기 때문에 차별이에요.

여러분이 이런 혐오 표현을 잘못 사용하면 법적으로 문제가 될 수도 있어요. 특히 친구 이름을 말하면서 혐오 표현을 했다면 범죄에 해당돼 처벌을 받을 수도 있어요.

예를 들어 '내 친구 ○○이는'이라고 말을 시작했는데, 실제 모습과 다른 모습이 들어가 있는 거예요. 그리고 무시하는 말과 혐오 표현을 했다면 벌을 받을 수 있어요. 그러니 친구에게는 절대 혐오 표현을 하지 않기로 해요.

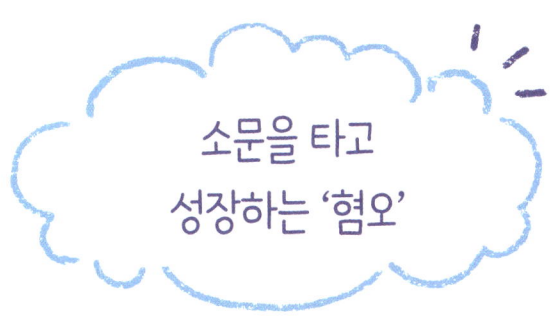

소문을 타고 성장하는 '혐오'

오늘 하루는 어땠나요? 오늘 여러분이 들은 내용은 모두 진짜 사실일까요? 여러분이 알게 된 내용은 실제 사실보다 부풀려지는 경우가 많아요. 혐오 표현에도 이런 일이 발생해요.

먼저 여러분이 접하는 뉴스에는 소문과 가짜 뉴스가 많아요. 누군가 일부러 가짜 정보를 만들어서 사람들에게 퍼트리는 거예요.

얼마 전 난민이 우리나라에 오자 일부 사람들은 '정부는 즉시 난민들을 모두 추방하라'면서 과장된 표현을 했어요. 마치 이들이 범죄자 집단인 것처럼 주장하면서요. 이들을 받아들이면 큰일이 일어날 것처럼 감정을 부추겼죠. 그래서 이 이야기를 들은 어떤 사람들은 우리나라가 테러에 노출됐다면서 두려워했어요.

이렇게 가짜 뉴스는 특정한 주제에 대해서 과장된 감정 표현을 하게 해요. 이 부분이 강해지면 특정 대상에 대한 차별과 혐오로 이어지

게 되겠죠.

이렇게 일부러 혐오 표현을 만들어서 퍼트리는 경우가 있어요. 누군가를 혐오하면서 이득을 얻게 되는 경우가 있거든요. 겉으로는 마치 우리와 우리 사회를 위한 것처럼 말하지만, 찬찬히 살펴보면 누군가의 이득을 위한 혐오 표현인 경우가 많아요. 그러니 우리는 과장된 말들에는 주의를 기울여야 해요.

일상에서 쓰는 혐오 표현

우리는 일상에서 혐오 표현을 얼마나 쓸까요? 생각보다 우리의 일상에도 혐오 표현이 많아요. 여러분이 자주 하는 말을 예로 들어 볼게요.

> 이것도 몰라? 너 바보냐?
> 뚱뚱해.
> 못생겼어.
> 남자가 울면 되냐?
> 요린이(요리를 잘 못하는 사람)냐?

여러분이 한 번쯤은 들어 봤을 표현이에요. 그렇다면 이 표현은 혐오 표현일까요? 아마 아니라고 하는 친구도 있을 거예요. 그런데 위 표현은 혐오 표현이 될 수 있어요. 부정적인 표현에 특정 대상을 넣게 되면 우리 생각도 부정적으로 바뀌고 편견이 생기는 거죠. 그렇게 되면 대상에 대한 부정적인 생각이 자리하죠.

또한 '요즘 초등학생은 예의가 없어'처럼 비하하고 문제로 삼고 있어요. 마치 모든 초등학생이 그런 것처럼 묘사되는 거죠. 이 내용을 자꾸 접하게 되면 그것을 사실처럼 느끼고 당연하게 여겨요. 그러면서 차별하고 무시해도 된다는 인식이 생겨요.

다음의 예를 한 번 살펴볼게요.

이 내용이 어떻게 느껴지나요?

이제 여러분은 위의 내용이 왜 혐오 표현인지 알았을 거예요. 혹시 잘 모르겠다면 아래의 내용을 한 번 봐 주세요. 어떤 말이든 아래 부분에 해당된다면 혐오 표현이랍니다. 잘 기억해서 혐오 표현을 구분하고 사용하지 않기로 해요.

1. 특정 대상이나 집단을 지목한다.
2. 그 대상에 대해 부정적 편견을 바탕으로 한다.
3. 모욕하고 비하한다.
4. 부정적 편견을 강화하여 대상이 차별받고 폭력당하는 것을 당연시 한다.

그 밖에도 우리는 게임이나 유튜브에서 새로 알게 된 말을 사용할 때가 많아요. 무슨 의미인지 확인해 보려고 하지 않죠. 그러나 우리가 무심코 사용하는 신조어는 강한 혐오 표현인 경우가 많아요. 그러니 새로 알게 된 단어는 꼭 그 의미를 찾아보고 사용하도록 해요.

6 혐오 표현을 들으면?

혐오 표현을 직접 경험한 적이 있나요? 우리나라 아동과 청소년 중 절반 이상은 혐오 표현을 경험한다고 해요.

혐오 표현은 주로 가까운 사람들에게서 듣기도 하고, 전혀 모르는 사람에게서 들을 수도 있어요. 직접 만나서도 들을 수 있고, 온라인에서도 들을 수가 있죠.

혐오 표현을 들으면 여러 가지 반응을 보일 수 있어요. 대부분 이런 표현을 들어도 무시하고 신경 쓰지 않아요.

또 문제 표현이란 걸 알게 되면 이런 표현을 안 쓰려고 노력도 하죠. 그런데 혐오 표현을 들은 열 명 중에서 세 명 정도는 마음이 많이 힘들어진대요. 그래서 일상생활이 어려울 정도라고 해요. 어떤 어려움을 겪는지 살펴볼까요?

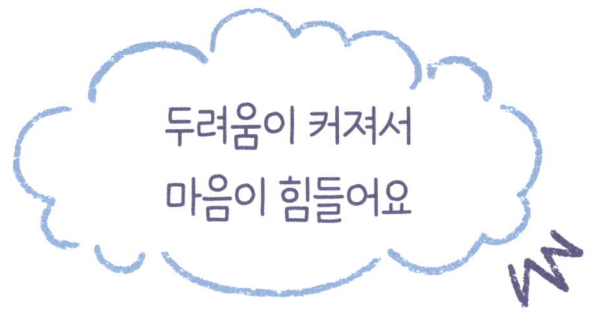

두려움이 커져서
마음이 힘들어요

　친구가 나에게 이유 없이 '못생긴 아이'라는 말을 했다면 처음에는 무시할 수 있어요. 그런데 자꾸만 듣게 된다면 어떨까요? 아마 그 말을 또 듣게 될까 봐 사람들의 눈치를 살피고 긴장할 거예요. 왠지 내가 그런 사람인 것 같아서 마음이 상하기도 하고요.

　스스로도 못생긴 아이처럼 느껴져 슬퍼질 수 있어요. 거울을 볼 때마다 마음에 들지 않는 부분이 생겨서 좌절할 수 있죠. 그냥 이유 없이 한 말일 텐데도 듣는 사람은 이렇게 마음이 힘들어질 수 있어요.

　혐오 표현을 자주 들으면 심각한 마음의 병을 얻을 수도 있대요. '못생긴 아이'라는 말이 별말이 아닐 수 있잖아요. 그런데 이 말을 듣고

난 뒤에는 사람들이 나를 못생겼다고 볼 것 같아서 사람들을 피해 다닐 수 있어요.

누군가와 눈만 마주쳐도 나에게 못생겼다고 할 것 같은 두려움이 커지면서 집 밖을 나가기 싫을 수도 있어요. 순간순간 울컥하는 마음과 불안한 마음이 들어서 아무것도 할 수 없게 될 수도 있대요. 생각보다 우리 마음에 남기는 상처가 크다는 것을 알 수 있어요.

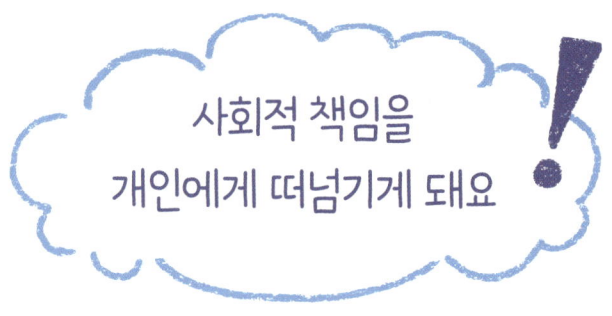

사회적 책임을 개인에게 떠넘기게 돼요

혐오 표현이 잘못됐다는 것은 누구나 알고 있어요. 그런데 이런 표현이 너무 자주 사용되면 어떨까요? 그런 표현을 써도 괜찮은 것처럼 당연하게 여겨지면 어떤 일이 발생할까요?

혐오 표현이 당연시되는 사회적 분위기가 형성될 수 있어요. 그렇게 되면 오히려 혐오 표현을 당한 대상에게 책임을 떠넘기게 돼요.

'도대체 늦은 시간에 거길 왜 간 거야?', '그런 데 놀러 간 애들은 이상한 애들이야!', '놀다가 그런 걸 누굴 탓해!' 이런 말이 바로 대상에게 책임을 떠넘기는 혐오 표현이에요. 중요한 것은 사고 위험을 알고도 통제하지 않은 시스템이 문제잖아요. 그런데도 피해를 당해 안타깝게 참사를 당한 이들에게 책임을 떠넘기는 거예요.

이렇게 되면 더는 시스템을 고치려고 하지 않을 수도 있어요. 그러면 이런 일이 또 일어날 수 있겠죠.

여성 혐오로 벌어지는 여성 범죄를 생각해 봐요. 실제로 '범죄'가 발생한다는 것이 가장 중요한 점이에요. 밤늦게 귀가하는 여성을 노린 범죄가 발생하잖아요. 여성 화장실에 몰래 숨어 들어가 범죄를 저지르기도 하고요.

'여자 혼자 밤에 다니니 문제가 생기지', '옷차림이 저러니 일이 생기지' 이처럼 범죄에 초점을 두지 않고 '여성'이라는 부분에 초점을 두면 어떻게 될까요? 여성에게 문제가 있다는 식의 혐오 표현을 하게 돼요. 이런 혐오 표현이 당연한 것처럼 되겠죠.

실제로 범죄가 발생했을 때, 심지어 피해를 당한 당사자마저 '여성이라서' 이런 일을 당할 수도 있다고 생각하게 되는 거예요. 이렇게 스스로 자책하게 되는 거예요. 그렇게 되면 범죄 피해는 개인의 책임이며 국가나 단체에서 범죄를 예방하게 하는 시도는 소극적이 될 수 있어요. 중요한 사회적인 논의가 약해지게 되는 거죠.

우리가 꼭 기억해야 하는 것은 혐오 표현은 사회적으로 해결해야 한다는 거예요. 사회적인 분위기를 만들고 혐오 표현이 자리 잡지 못하게 해야 하는 거죠. 그렇지 않으면 개인의 문제로 여겨져 피해자가 더 고통받게 되거든요.

이런 일은 사실 역사에서도 찾아볼 수가 있어요. 역사적으로 가장 악명 높은 독재자 히틀러는 유대인을 싫어했대요. 이 감정은 점점 커져 혐오가 되었고, 유대인 학살이라는 엄청난 역사적 범죄를 저지르게 돼요. 자신이 가진 권력을 이용해 자신의 혐오 표현을 정당화해 버린 거예요.

이러한 문제를 개인의 문제로 여기는 순간 사회는 더는 책임을 지지 않게 될 거예요. 그래서 사회와 국가가 책임지고 역할을 해야 해요. 그래야 더 큰 혐오를 막을 수가 있어요.

이제 혐오는 생각보다 간단한 일이 아니라는 생각이 드나요? 그런 문제 의식을 갖는 것이 꼭 필요해요.

편견은 집단 학살로 이어질 수 있어요

이제 여러분은 혐오의 시작이 단순한 편견이라는 걸 알았을 거예요. 수많은 유대인을 학살한 히틀러도 처음에는 개인적으로 유대인이 싫었을 거예요. 그러다 점점 유대인이 문제라는 편견을 가진 거예요. 권력을 가지면서 점차 차별과 폭력으로 이어지게 된 거죠.

편견 단계에서 바로잡지 않았더니 집단 학살이라는 너무나 끔찍한 일이 벌어진 거예요. 편견에서 집단 학살까지는 단계가 있어요. 어떻게 이런 일이 생기는지 알아볼게요.

첫째, 먼저 내가 생각한 것만 옳다고 하면 '편견 단계'예요.

다른 의견은 전혀 듣지 않는 거죠. 그러다 보니 생각이 꽉 막히게 되면서 전혀 확장되지 않는 상태가 돼요.

누군가 히틀러에게 유대인 모두가 나쁘지 않은데, 지금 잘못한다고 말했다고 해 보세요. 히틀러가 이 말을 들었다면 어땠을까요? 아마 다른 결과가 나왔겠죠. 그러나 히틀러는 자신의 생각에 뒷받침하는 이야기만 들었을 거예요.

　내가 생각한 것만 옳다고 하면 끔찍한 결과를 가져올 수도 있어요. 그러니 내 생각만 옳다고 주장하지 않는 게 중요해요.

　둘째, 다음은 '혐오 표현과 차별이 발생하는 단계'예요.

　특정 대상에게 욕설을 하고 부정적인 관점으로 놀리고 괴롭히는 혐오 표현이 생겨나요. 개인 수준에서 일어나던 혐오가 사회로 확대되면 차별이 되는 거예요.

　히틀러는 유대인을 사람으로 여기지 않았어요. 마치 대단히 큰 잘못을 저질렀고

끔찍해서 '사라져야 할 대상'으로 만들어 버렸어요. 그러면서 차별하고 괴롭히는 일을 정당화하려고 했죠.

우리 사회에 일어나는 차별을 보면, 똑같은 일을 해도 사람에 따라 임금에 차이를 두는 경우가 있어요. 한국인에게는 높은 임금을 주고, 외국인 노동자에게는 낮은 임금을 주는 거죠.

또, 여성이라는 이유로 교육을 시키지 않은 경우도 많았어요. 사회적으로 참여하지 못하게 하는 경우도 많았고요.

똑같은 일을 해도 여성은 임금을 적게 받고 승진의 기회도 적었어요. 경영인이나 정치인의 여성 비율이 적은 것을 보면 여전히 보이지 않는 차별이 있다고 봐야겠죠.

셋째, '증오 범죄와 집단 학살이 발생하게 되는 단계'예요. 증오 범죄는 편견을 바탕으로 해서 발생하는 폭력이에요. 개인에게는 폭행이나 협박, 살인이 발생할 수도 있어요.

집단에게는 물건을 부수거나 테러를 할 수 있고요. 방화를 할 수도 있죠. 실제 범죄가 발생한다는 것이 가장 큰 문제예요. 이런 증오 범죄가 극대화되면 혐오 대상이 되는 집단 구성원 전체를 없애려고 하죠. 일제 강점기 시절 일본에서도 일본에 거주하는 한국인을 혐오의 대상으로 삼았어요. 그러면서 한국인을 집단 학살한 일이 발생하기도 했죠.

이렇게 혐오 표현이 많아지면 범죄가 많아져요. 증오 범죄가 늘면

혐오 표현도 많아져요. 그래서 우리는 혐오 표현에 대해서 잘 알고 더 퍼지지 않도록 주의를 기울여야 해요.

㉠ 대항 표현을 해 보자

혐오 표현을 접하게 되면 우리는 어떻게 반응하게 될까요?

전혀 준비하지 않고 있었는데, 갑자기 혐오 표현을 들으면 당황하죠. 당황하면 말도 잘 나오지 않고 그대로 얼어붙기도 해요. 한참 시간이 지나서야 뭔가 잘못됐다고 느끼는 경우가 많아요.

물론 화를 내면서 그런 표현은 잘못됐다고 따지는 친구도 있을 거예요. 그러나 대부분 당황해서 아무 말 못 하는 경우가 많아요.

그런 상황에서 가만히 있는 이유는 사실 대응 방법을 잘 모르기 때문이기도 해요. 만약 어떻게 대응해야 하는지 안다면 전혀 당황하지 않을 수 있어요.

그렇다면 혐오 표현을 접하게 될 때 맞설 방법에 대해서 이야기해 볼게요.

혐오 표현에 맞서서 표현하는 것을 '대항 표현'이라고 해요. 대항 표현은 혐오 표현을 멈추거나 영향을 미치지 못하게 하는 모든 종류의 표현 방식이에요. 혐오 표현을 반박하고 맞받아치는 말과 행동 모두를 뜻해요.

동시에 모든 사람의 존엄함을 존중하는 인권의 가치를 담은 표현이기도 해요. 모든 혐오 표현을 법적으로 규제하고 처벌하는 것은 불가능할 거예요. 다만 대항 표현을 일상에서 활용한다면 혐오 표현이 미치는 피해를 크게 줄일 수 있어요.

존중하는 태도가 필요해요

먼저 대항 표현을 하기 전에, 태도가 중요하다는 것을 기억해야 해요. 실제로 어떤 말보다도 어떤 태도를 보이는지가 정말 중요하거든요.

그렇다면 태도의 중요성을 보여 주는 예를 들어 볼게요.

미래는 초등학교 5학년이에요. 미래는 특별하게 불편함이 없는 친구예요. 미래의 반에는 다리에 장애가 있어 잘 걷지 못하는 누하가 있어요. 이 두 사람이 어떤 태도를 갖고 있느냐에 따라 교실의 분위기가 달라질 수 있어요.

먼저 미래가 누하에게 체육 시간에 운동장에서 '걷지도 못하면서 어떻게 운동을 해?'라며 혐오 표현을 했다고 가정해 봐요.

이 말을 들은 누하는 화가 날 거예요. 그리고 옆에서 이 말을 들은 친구들도 불편함을 느낄 거예요.

이번에는 누하가 미래에게 '두 발을 갖고 달리기도 제대로 못하냐?'라고 혐오 표현을 했다고 가정해 봐요. 역시 미래와 주변 친구들 모두 불편해질 거예요. 이렇게 혐오 표현이 많아지면 교실은 전혀 안전하게 느껴지지 않겠죠.

이번에는 미래가 누하에게 '내가 도울 일은 언제든지 도와줄게'라고 말하면 어떨까요? 이 이야기를 듣고 누하도 '내가 도울 일도 언제든지 도울게'라고 말한다면요? 아마 주위 친구들이 편안하게 느끼면서 교실이 안전하게 느껴질 거예요.

갈등이 일어나지 않을 것이라는 기대가 생기거든요. 이렇게 서로를 존중하고 기꺼이 돕겠다는 자세와 태도가 있다면 불필요한 갈등은 없어지겠죠.

객관적인 근거를 찾아요

　서로 존중하는 태도를 갖추었다면 대항 표현을 살펴볼게요. 여러분이 혐오 표현을 듣게 되면 먼저 정보가 어떤지 살펴야 해요. 대개는 잘못된 정보가 들어 있거든요. 사실이 아닌 내용이나 편견이 담긴 표현이 들어 있는 경우가 많아요. 만약 잘못된 정보가 발견된다면, 정보에 대한 근거를 보여 달라고 하는 거예요.

　예를 들어 볼게요.

　탄이는 부모님이 외국인이어서 피부색이 달라요.

　친구들이 탄이의 피부색만으로 '나쁜 일을 할 것 같은 위험한 아이'라는 혐오 표현을 하는 거예요. 이럴 때 우리는 어떻게 해야 할까요?

　그런 말을 한 친구에게 객관적인 근거를 제시하라고 하는 거예요.

어떤 근거로 그렇게 말하는 거야?

그렇다는 증거가 있어?

탄이가 위험하다는 증거가 뭐야?

덧붙여서 반대되는 예를 말해도 돼요.

탄이는 아무것도 하지 않았는데!

내가 지켜보니 네가 탄이를 괴롭히던데!

이처럼 허위 사실로 특정 대상이나 집단에 혐오 표현을 하면 꼭 사실을 따져 보기로 해요. 정확하고 객관적인 근거가 없으면 사실이 아닐 수 있으니까요.

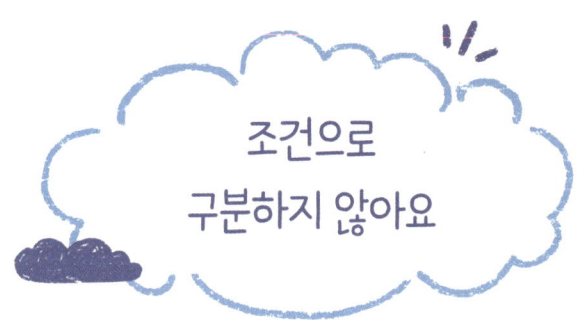

조건으로
구분하지 않아요

다음으로 혐오 표현은 힘이 약한 집단을 향해서 발생하잖아요. 우리는 모두 인종, 성별, 나이, 출신 지역 등으로 차별 받아서는 안 돼요. 다음의 질문에 답해 볼까요?

여자니까 차별받아야 할까요?

남자라서 혐오 표현을 해도 될까요?

장애가 있으면 혐오 표현을 들어도 되나요?

특정 지역 출신은 혐오하는 게 당연한가요?

모두 '아니오'라고 답했다면 제대로 답한 거예요. 그런데, '예'라고 답한 친구가 있다면 자신 마음속에 혐오가 자라고 있음을 알고 경계해야 해요.

이제부터 우리는 조건으로 사람을 구분하지 않기로 해요. 남녀를 구분하고, 피부색으로 구분하고, 장애 등 그 사람의 고유한 특징으로 사람을 구분하지 않기로 해요.

누군가 이런 배경으로 혐오 표현을 한다면 우리는 당당하게 말하기로 해요.

"잠깐만요!
무슨 권리로 이 사람에게 함부로 말하죠?
당신에게 그럴 권리가 없습니다!"

"잠깐만요.
우리는 모두 소중해요.
함부로 대하지 마세요."

여러분이 맞서면 맞설수록 혐오 표현은 자리 잡을 곳이 없어진답니다.

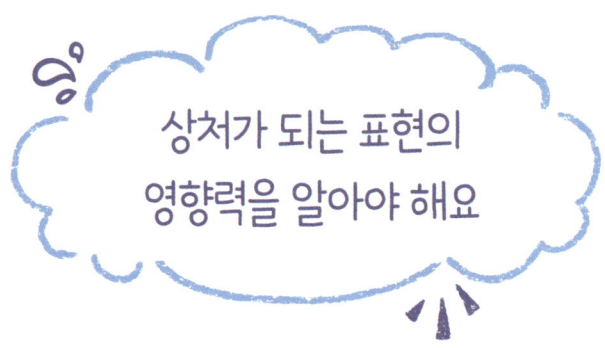

상처가 되는 표현의
영향력을 알아야 해요

다음으로 혐오 표현을 말이나 행동으로 표현하는 사람은 그 영향력을 제대로 알까요? 많은 경우에 그 영향력을 모른다고 해요. 실제로 혐오 표현을 하는 사람에게 물어보면 '장난삼아 한 것'이라는 표현이 제일 많아요.

'그렇게 크게 영향을 주는지 몰랐다'라고 말하는 경우도 많고요. 또 어떤 경우는 '나에게 이득이 되니까 그렇게 한다'라는 이기심을 보이기도 해요.

이제 보니 혐오 표현을 하는 사람은 잘 모르거나 어떤 목적이 있는 경우가 많네요. 그럴 때는 어떻게 해야 할까요? 이 사람들에게 잘못을 지적하면 도움이 될까요?

한 가지 예를 들어 볼게요.

미래가 장애가 있는 누하에게 혐오 표현을 했어요. 누하는 괜찮은 척했지만, 큰 상처를 받았어요.

이럴 때는 미래에게 누하가 얼마나 큰 상처를 받았는지 알려 주는 것이 효과가 있어요.

"미래야! 네가 그렇게 말해서 누하가 큰 상처를 입었어. 이게 네가 원하는 거야?"

"누하에게 상처를 주려는 의도였어?"

"그런 말이 상처가 되는 걸 알고 하는 거야?"

이렇게 말해 주세요.

대부분 내가 하는 말이 상대에게 얼마나 큰 상처가 되는지 안다면 혐오 표현을 덜 하려고 하거든요. 상대방의 마음을 헤아려 보도록 하는 것이 중요해요.

다음 그림 속 네 명의 말을 보세요. 모두 여러분에게 필요한 대항 표현이에요. 여러분이 잘 알고 있다가 활용하면 좋을 것 같아요. 대항 표현을 큰 소리로 읽어 볼까요!

⑧ 직접 대응을 해 보자

우리는 혐오 표현에 맞서고 대응을 잘할 필요가 있어요. 이번에는 대응 방안을 살펴보기로 해요. 혐오 표현의 영향력을 최소화할 수 있는 대응 방안을 함께 고민해 보는 거예요.

안전이 중요해요

먼저 혐오 표현 대상이나 집단의 안전을 가장 먼저 고려해야 해요. 대부분 혐오는 약자에게서 발생한다고 했잖아요. 그렇다 보니 혐오 표현 대상이나 집단은 움츠러들 수 있어요. 그리고 마음을 다쳐서 힘든 날을 보낼 수도 있고요.

그런 모습을 보게 되면 우리는 어떻게 해야 할까요?

제일 먼저 안정되게 돕는 것이 중요해요. 여러분의 힘으로 어렵다면 주위의 어른들에게 꼭 알려야 해요.

만약 우리 반에서 특정 친구에 대해서 혐오 표현이 발생했다면, 앞에서 배운 대항 표현을 하는 거예요. 더불어 놀란 친구가 안정을 취하도록 함께 있어 주어야 해요.

그리고 담임 선생님께도 꼭 알려야 해요. 학교나 부모님이 알아야 할 수도 있어요. 혐오 표현으로 힘든 친구가 있어서는 안 되겠죠.

모두가 안전하게 생활할 수 있도록 우리 모두 주의를 기울이기로 해요.

이유를 확인해요

다음으로 혐오 표현을 한 사람에게 정확하게 이유를 확인해야 해요. 대부분 혐오 표현을 한 친구들은 '단순한 장난'이었다고 말해요. 그러면서 계속하는 경우가 많아요.

이렇게 혐오 표현을 지속하는 것은 무엇을 의미할까요? 아마도 상대를 약자로 보고 계속 괴롭히겠다는 의지가 포함되었을 수 있어요. 단순히 실수로 한 번 한 장난이 아닐 가능성이 있어요.

따라서 아무리 장난이었다고 해도 지속되는 것을 예방하기 위해서 반드시 조사하고 이에 맞는 징계를 줘야 해요. 그렇게 해서 혐오 표현이 더는 반복되고 확산되지 않도록 하는 거죠.

친구들은 혐오 표현이 계속되는지 잘 감시하고, 잘못된 정보나 거짓된 소문이 퍼지지 않도록 꼭 단속하기로 해요.

마지막으로 혐오 표현에 대한 정확한 정보를 제공해야 해요. 그리고 피해를 당한 대상을 지원하는 것이 필요하겠죠.

혐오 표현은 잘못된 정보와 소문이 들어간 내용이 많아요. 막연한 부정적인 감정 때문에 발생하는 경우도 많고요. 따라서 정확한 정보를 제공하기는 어려울 수 있어요. 그래서 먼저 정확한 정보를 알기 위한 노력이 필요해요. 알게 된 정보를 나누는 것이 필요해요.

예를 들어 여러분이 '○○이가 어제 휴대 전화를 훔쳤대'라는 이야기를 들었어요. 그 이야기를 듣고 ○○이를 보면 어떤 생각이 들까요? 아마도 휴대 전화를 훔친 아이라고 생각하겠죠. 이때 우리는 정확하게

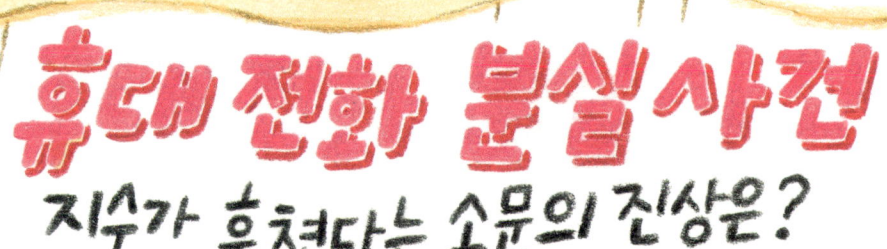

알리는 노력을 해야 해요.

'정말 ○○이가 그런 거 맞아? 이 이야기는 어디서 온 거야?' 등 정확한 정보를 찾아야 해요. 그래야 억울한 일이 생기지 않을 수 있어요. 알고 보면 사실이 아닌 경우가 많으니까요.

무엇보다도 피해를 당한 대상이 더는 피해를 당하지 않도록 돕는 것이 필요해요. 친구들이 할 수 있는 것은 피해당한 대상에게 씌워진 부정적인 평가가 확산하지 않도록 하는 거예요.

'○○이는 휴대 전화를 훔치지 않았어! 분실물을 찾아 주려던 것이었대!' 이렇게 정보를 수정해서 알려야 해요. 그렇지 않으면 퍼져나간 소문이 사실처럼 여겨질 수 있거든요.

소윤이가 최근에 겪은 혐오 표현에 대해서 친구들과 대응해 보기를 원해요. 그럼 소윤이의 이야기를 들어 볼까요?

안녕!
나는 어릴 때 열 감기를 심하게 앓았어. 그 뒤로 한쪽 귀에 문제가 생겨서 전혀 들을 수가 없어. 한쪽 귀는 청력이 전혀 없는 거지. 새로운 학기가 되고 학교에서 가정 통신문을 줬어. 각자가 갖고 있는 질병이 있는지 묻는 내용이었어.

그런데 그 내용 중에 '언어, 청력, 시력 장애 및 기타 장애'에 대한 내용이 나와 있어. 있다면 완치와 치료 중에서 고르게 되어 있었지. 사실 다른 질환은 치료가 가능할 수 있지만, 장애는 병이 아니라서 치료가 불가능해. 그런데 저렇게 고르게 되어 있으니, 마치 장애인을 병을 가진 사람으로 보게 하는 거야.

이 내용을 보자마자 재석이가 나에게 말했어.

"이것 봐! 소윤이는 환자라니까! 들리지도 않는데 학교는 왜 오냐고!"

"아냐! 나도 한쪽 귀는 들리거든! 내가 오든 말든 네가 무슨 상관이야!"

"(작은 소리로 안 들리는 귀에 대고) 소윤아, 안 들리지?"

이렇게 재석이는 나에게 무례하게 굴었어. 그리고 계속해서 내 귀가 안 들리는 걸로 나를 놀렸어. 나는 점점 재석이와 마주치는 게 힘들어졌어. 나를 볼 때마다 놀리는 재석이를 어떻게 해야 할지 모르겠어. 내가 어떻게 하면 되는지 도와줄래?

소윤이 이야기 잘 들었죠? 친구들이 소윤이라면 어떻게 대응할 수 있을까요?

먼저 단계별로 어떻게 할지 생각해 봐요.

혐오 표현의 대상자 안전 확보하기.	◆ 소윤이의 안전 확보를 위해 소윤이를 혼자 두지 않고 재석이가 소윤이에게 말하지 못하게 하기.
혐오 표현을 한 사람 조사하기.	◆ 혐오 표현을 한 재석이의 행동과 의도를 조사해서 소윤이에게 사과하게 하기. ◆ 같은 표현을 반복할 경우 받을 수 있는 불이익과 처벌 알려 주기.
혐오 표현에 대한 정확한 정보 제공하기.	◆ 혐오 표현 자체에 대한 대항 표현하기. ◆ 혐오 표현의 문제와 해악에 대해서 각 학급에서 점검하고 예방 교육 진행하기.

부정적인 평가의 확산 막기.	◆ 가정 통신문 내용 수정 요청하기. ◆ 잘못된 인식에 대해 바로잡기 캠페인 열기.

대응 방법이 어렵지는 않죠? 여러분이 대응을 잘 해 주면 혐오 표현은 우리 안에 발붙이지 못할 거예요.

맺는 말

지금까지 우리는 혐오에 대해서 알아봤어요. 혐오가 발생하는 이유와 위험성에 대해서 점검했어요. 무엇보다 혐오가 범죄로 이어질 수 있다는 것을 확인했죠. 그렇기 때문에 우리는 혐오 표현에 대해서 대항할 수 있어야 해요.

앞에서 배운 대항 표현을 잘 기억했으면 해요. 그리고 혐오가 발생할 때 대응할 수 있는 전략도 알아봤어요. 잘 대응해서 상처받는 사람이 없도록 같이 노력해 봐요.

갑자기 혐오 표현이 사라진다면 얼마나 좋을까요? 아마 쉽게 사라지지 않겠죠. 그러려면 우리 모두의 노력이 필요해요.

혐오 표현을 하던 친구는 계속 혐오 표현을 하려고 할 거예요. 그럴 때마다 우리가 함께 대항해야 한다는 걸 잊으면 안 돼요. 우리는 혐오 표현의 위험성을 알고 있으니까요. 혐오 표현을 보게 되면 단호하게 맞서기로 해요.

여러분이 힘을 모아 혐오 표현에 대항하고 대응한다면 혐오 표현은 지금보다 훨씬 힘이 약해질 거예요. 그리고 우리 안에 더 이상 발붙이지 못하겠죠. 함께 노력해 보아요.

더불어 여러분이 만들어 갈 평등하고 따뜻한 사회를 언제나 응원합니다.

마음 튼튼 생각 탐구 **혐오편**

이유 없이 싫은 이유

초판 1쇄 발행 2025년 8월 14일

글 박부금 **그림** 전지은
디자인 손현주
펴낸이 김숙진

펴낸곳 (주)분홍고래
출판등록 2013년 6월 4일 제2021-000294호
주소 서울시 마포구 잔다리로7길 18(서교동 377-20) 405호
전화번호 070-7590-1961(편집부) 070-7590-1917(마케팅)
팩스 031-624-1915
전자우편 p_whale@naver.com
분홍고래 블로그 blog.naver.com/p_whale

ⓒ 박부금·전지은

ISBN 979-11-93255-41-4 73190

* 이 책은 저작권법에 따라 보호받는 저작물이므로 무단전제와 무단복제를 금합니다.
* 잘못 만든 책은 구입하신 서점에서 바꾸어 드립니다.
* 책값은 뒤표지에 표시되어 있습니다.

품질경영 및 공산품 안전관리법에 의한 품질 표시
품명 어린이 도서 | **제조년월일** 2025년 8월 | **사용연령** 8세 이상
제조자명 (주)분홍고래 | **제조국** 대한민국 **연락처** (070)7590-1961

※경고 : 3세 이하의 영·유아는 사용을 금합니다. 종이에 베이거나 긁히지 않도록 조심하세요. 책 모서리가 날카로우니 던지거나 떨어뜨리지 마세요.